Bulle ou bouillon

Louise Tondreau-Levert

Illustrations : Ninon Pelletier

Directrice de collection : Denise Gaouette

Catalogage avant publication de Bibliothèque et Archives Canada

Tondreau-Levert, Louise

　Bulle ou Bouillon

　(Rat de bibliothèque. Série bleue ; 13)
　Pour enfants de 7 ans.

　ISBN 978-2-7613-2288-1

　I. Pelletier, Ninon. II. Titre. III. Collection: Rat de bibliothèque (Saint-Laurent, Québec). Série bleue ; 13.

PS8589.O653B84 2007　　　　　　jC843'.54　　　　C2006-942070-X
PS9589.O653B84 2007

Éditrice: Johanne Tremblay

Réviseure linguistique: Nicole Côté

Directrice artistique: Hélène Cousineau

Édition électronique: Talisman illustration design

© ÉDITIONS DU RENOUVEAU PÉDAGOGIQUE INC., 2007
Tous droits réservés.

 On ne peut reproduire aucun extrait de ce livre sous quelque forme ou par quelque procédé que ce soit – sur machine électronique, mécanique, à photocopier ou à enregistrer, ou autrement – sans avoir obtenu, au préalable, la permission écrite des ÉDITIONS DU RENOUVEAU PÉDAGOGIQUE INC.

Dépôt légal – Bibliothèque et Archives nationales du Québec, 2007
Dépôt légal – Bibliothèque et Archives Canada, 2007

　　　　　　　　　　　　　　　　　　　1234567890 IML 0987
IMPRIMÉ AU CANADA　　　　　　　　　10976 ABCD　　EA16

Chaque samedi matin,
je suis des cours de natation
avec madame Bulle.
Madame Bulle m'oblige
à sauter dans l'eau.

Je suis toute mouillée.
J'ai froid et j'ai mal aux yeux.
Après le dixième saut, je grelotte.
Moi, je déteste la natation.
Je préfère regarder la télévision.

Madame Bulle me dit :
— Tu es une vraie championne, Marina.
Tu pourrais nager dans le lac de ta mamie.
Moi, je déteste la natation.
Je préfère regarder la télévision.

Parfois, je rêve...
Le lac de mamie est rempli de spaghettis.
Je mange des spaghettis
et je joue avec des poissons-nouilles.

Madame Bulle me dit :
— Tu es une vraie sirène, Marina.
  Tu nages comme un poisson.
Moi, je déteste la natation.
Je préfère regarder la télévision.

Parfois, je rêve...
Dans le lac de mamie,
les crapets prennent un bain de soleil.
Je chatouille les carpes
et je leur donne de la limonade.

Madame Bulle me dit :
— Tu es une vraie athlète, Marina.
Tu es prête pour la nage sur le dos.
Moi, je déteste la natation.
Je préfère regarder la télévision.

Parfois, je rêve…
Un géant boit toute l'eau du lac de mamie.
Je joue dans la boue
avec les crapauds et les grenouilles.

Ce matin, madame Bulle est malade.
C'est monsieur Bouillon qui donne
le cours de natation.
Moi, je déteste la natation.
Je préfère regarder la télévision.

Monsieur Bouillon est très spécial.
Il porte un drôle de chapeau-bateau
et un maillot de bain extravagant.
Il me fait rire.
Mais je déteste quand même la natation.

Tout à coup, monsieur Bouillon décide
de jouer au requin sous-marin.
Il me fait un clin d'oeil et dit :
— Moi aussi, je déteste la natation.
 Je préfère regarder la télévision.

Maintenant, chaque samedi matin,
je me baigne avec mamie
et monsieur Bouillon
dans le lac rempli de beaux poissons.

Je bois de la limonade
avec les carpes et les crapets-soleils.
Je joue dans la boue.
Et monsieur Bouillon imite
les crapauds et les grenouilles.

Maintenant, je préfère nager comme un poisson que regarder la télévision.

Fais une recherche sur les poissons et les crustacés.

EXEMPLES :
la carpe, le saumon, la crevette, le bernard-l'ermite

- Consulte des livres, des revues ou Internet.
- Visite une animalerie ou une poissonnerie.
- Écris tes informations sur des fiches. Utilise des dessins, des photos ou des découpages.
- Classe tes fiches par ordre alphabétique.

Présente tes fiches à tes amis.

Fabrique un aquarium et des poissons.

- Fais un croquis de ton aquarium et de tes poissons.
- Prépare le matériel dont tu auras besoin.

  EXEMPLES :
  – l'aquarium : une boîte de carton, de la gouache
  – les poissons : des cartons de couleur, du papier de bricolage, du papier de soie
  – les attaches : du fil de nylon

Présente ton aquarium à tes amis.

Série rouge 🍓 (6 ans)
Série jaune 🍐🍐 (6–7 ans)
Série bleue 🫐🫐🫐 (7 ans)
Série verte 🍏🍏🍏🍏 (7–8 ans)

Voici d'autres livres dans la série bleue 🫐🫐🫐 :

1. **GÉANT, tu ne me fais pas peur !**
   Dominique Demers
2. **Le club des dents perdues**
   Gilles Tibo
3. **La boisson des champions**
   Danielle Simard
4. **Aux pinceaux, Domino !**
   Léo-James Lévesque
5. **Ho ! Ho ! Ho ! Bientôt Noël**
   Robert Soulières
6. **Pépin dans les pommes**
   Léo-James Lévesque
7. **Poil aux pattes !**
   Denise Gaouette
8. **Grand-maman Tricot**
   Gilles Tibo
9. **Prise en sandwich**
   Danielle Simard
10. **Mon chat zoo**
    Bernadette Renaud
11. **Hibou et Autruche**
    Florence Ducatteau
12.

Collection dirigée par Denise Gaouette